Weite
dein Herz

Abt Odilo Lechner

Weite dein Herz

Lebenskunst aus dem Kloster

Herausgegeben und bearbeitet
von
Michael Cornelius
und
Jürgen Schlagenhof

WILHELM HEYNE VERLAG
MÜNCHEN

Fotografie: Jürgen Schlagenhof
Gestaltung: Tom Ising für HERBURG WEILAND
Konzept und Text: Michael Cornelius und Jürgen Schlagenhof
Copyright © 2002 by Wilhelm Heyne Verlag GmbH & Co. KG, München
Fine Art Prints: Christel Jodexnus
Druck und Bindung: Druckerei Appl, Wemding
Printed in Germany
ISBN 3-453-86151-5

Inhalt

Vorwort

VON DER WEISHEIT EINER 1500 JAHRE ALTEN MÖNCHSREGEL

1952 trat ich als 21-Jähriger in das Kloster St. Bonifaz in München ein. In meinem ersten Jahr als Novize wurde täglich die Regel des heiligen Benedikt besprochen. Sie schien mir zwar beim ehrwürdigen Alter von fast 15 Jahrhunderten von erstaunlicher, die Zeiten überdauernder Kraft, aber doch etwas nüchtern, wenig schwungvoll und für die heutigen Verhältnisse in manchen Einzelvorschriften überholt zu sein.

Erst allmählich ging mir auf, wie viel Weisheit in ihr steckt, wie Regelungen auch kleiner Angelegenheiten Modell sein können für andere Lebensbereiche, wie ihre kluge und maßvolle Unterscheidungskraft unserem Weg zu Gott Richtung und Beständigkeit geben kann.

Benedikt wurde vor 1500 Jahren im umbrischen Bergstädtchen Nursia (heute Norcia) geboren. Dort hielt Papst Johannes Paul II. 1980 eine Predigt und bemerkte: Benedikts Lebensregel erscheint „alltäglich, gewöhnlich und gleichsam weniger heroisch" als das Vorbild der Apostel und Märtyrer. Aber gerade so, betonte der Papst, habe Benedikt die Botschaft des Evangeliums durch die

Verbindung von Gebet und Arbeit „in der Dimension des täglichen Lebens aller Menschen zu verwirklichen" gesucht.

Bestätigt wurden mir Weisheit und Lebenskraft der Benediktusregel gerade durch andere, oft auch der Kirche fern stehende Menschen, die Fragen stellten nach einem rechten Lebensstil, Gäste, die für eine Woche „Kloster auf Zeit" machten, Manager, die sich bei der Benediktusregel Rat für ihre eigenen Führungsaufgaben holten.

So hat es mich auch bewegt, mit welcher Aufmerksamkeit Michael Cornelius und Jürgen Schlagenhof in vielen Gesprächen mit mir nach den Schätzen suchten, die in der Benediktusregel verborgen sind. Aus diesen Gesprächen wurde ein Buch mit Ratschlägen für den Menschen unserer Zeit – das uns die vor langer Zeit geschriebene Mönchsregel in ihrer Aktualität wieder vor Augen führt. Der Titel des Buches „Weite dein Herz" ist ein Wort, das mir sehr vertraut geworden ist. Als ich 1964 nach meiner Wahl zum Abt einem alten Brauch gemäß nach einem Leitwort für den äbtlichen Dienst suchte, schien mir „dilatato corde" – mit weitem Herzen – aus dem Prolog der Benediktusregel am geeignetsten. Es passt für ein Kloster, das mit Aufgaben der Großstadtseelsorge betraut ist und

vielen verschiedenen Menschen Heimat gibt. Vor allem aber gibt es für mich das Ziel klösterlichen Lebens an: Dem Voranschreiten in der glaubenden Hinwendung zu Gott ist verheißen, dass das Herz weit wird und der Weg der Weisungen Gottes in der unsagbaren Freude der Liebe gelaufen wird.

Abt Odilo Lechner,
St. Bonifaz, München und Andechs,
Ostern 2002

Möglichkeiten

I.

Jedes Zeitalter hat seine Fata Morgana. Unsere ist die Illusion der unbegrenzten Möglichkeiten.

DER MODERNE MENSCH

ist ein Möglichkeitsmensch, dem es schwer fällt, sich auf
etwas einzulassen und bei etwas zu bleiben. Er läuft
Gefahr, zu einem Menschen ohne Eigenschaften zu
werden, der ständig davon träumt, das Leben von anderen
zu führen. Oder der sich auf das Angebot der totalen
Zerstreuung einlässt, auf die Flut von Bildern und Worten,
von Informationen und Anreizen.

Die Fülle der Eindrücke verhindert, dass er von etwas
Tiefem oder Neuem wirklich berührt wird und zur unver-
wechselbaren eigenen Gestalt findet.

Für Benedikt war klar, dass man sich im Labyrinth der
tausend Möglichkeiten nur verlieren kann.

Verlier dich nicht in der
Illusion der tausend
Möglichkeiten.

Nimm die Dinge an,
wie sie sind.

Fange da an, wo
du bist.

Entscheide dich und
verwirkliche eine deiner
Möglichkeiten.

Eine Situation, in der man ist,

annehmen
heißt aber nicht,

hinnehmen,
wie sie nun einmal ist,

sondern mit ihr umgehen und sie gestalten.

Sich auf sie einlassen

und das Beste aus ihr machen.

DIE KETTE DES EINSIEDLERS

Es war einmal ein Einsiedler namens Martinus, der sich eine eiserne Kette an den Fuß anlegte.

Das andere Ende der Kette befestigte er an einem Felsen, damit er nur so weit gehen konnte, wie die Länge der Kette reichte. Denn er meinte, ein besonders guter Diener Gottes zu sein, wenn er sich so vor der Versuchung und vor dem Umherschweifen bewahrte. Benedikt hörte davon und ließ ihm durch einen Schüler ausrichten: „Wenn du ein Diener Gottes bist, soll dich nicht eine Kette aus Eisen halten, sondern die Kette Christi." Daraufhin löste der Einsiedler sofort seine Fessel und ging von da an keinen Schritt weiter, als es ihm mit der Fessel möglich gewesen war.

Er beschränkte sich ohne Kette genau auf den Raum, an den er sich vorher gebunden hatte.

Gregor der Große,
Dialoge III,
Kapitel 16

DIE FREIHEIT DER BESCHRÄNKUNG

Auch wir legen uns gelegentlich äußere Fesseln an.
Manchmal ist so ein äußerer Zwang gut, um bei einer
Sache oder Aufgabe zu bleiben. Die Beschränkung aber
macht nur Sinn, wenn wir sie aus innerer Überzeugung
getroffen und uns frei dafür entschieden haben.
Für uns Mönche sind die Klostermauern ein sinnvoller
äußerer Rahmen. Die Einsiedlergeschichte verdeutlicht
uns das ewige Paradox des Lebens. Der Mensch muss sich
selbst beschränken und binden, um seine Freiheit zu verwirklichen.
Der heilige Benedikt selbst begann an einem bestimmten
Ort und zu einer bestimmten Zeit, die Welt auf Gott hin
zu ordnen. Sein Rückzug war keine Flucht aus der Welt,
sondern der Beginn ihrer Verwandlung.

Du
kannst nicht
alle
Wege
gehen.

Sag ja zu deinem Platz und
zu dir selbst.

„Anderer Weg hat Rastplätze
in der Sonne,
sich zu begegnen.
Aber dieser Platz ist der deine,
und es gilt jetzt,
jetzt darfst du nicht versagen.

Weine, wenn du kannst,
weine, doch klage nicht.
Dich wählte der Weg –
und du sollst danken."

Dag Hammarskjöld

Gelegentlich zitiere ich dieses sehr schöne Gedicht des ehemaligen Generalsekretärs der UNO, Dag Hammarskjöld, wenn Leute von einem Schicksalsschlag betroffen sind oder wenn sie selbst bereuen oder bedauern, dass sie diesen oder jenen Weg eingeschlagen haben. Es gibt ja Leute, die laufen immer den verlorenen Möglichkeiten nach. Die leben nur in der Vorstellung und klagen: Ach, hätte ich doch nur, was wäre gewesen, wenn, warum hat der so viel Glück gehabt im Beruf und nicht ich. Da, wo ein Leben im Konjunktiv gelebt wird, gibt es Schuld. Schuld, die man bei anderen sucht, und Schuld, die man sich selbst zuweist. Das Leben wird schwer, weil man nicht frei ist und nie versöhnt mit seinem Dasein.

Und da käme es aber darauf an zu erkennen: Hier und jetzt ist meine Wirklichkeit.

Manchmal

macht man sich auf den Weg und hat nur sein Ziel vor Augen. Dann ist man blind für alle anderen Dinge, die einem begegnen – und durch die sich andere Wege und Ziele ergeben können.

Wem ist es auf Bergwanderungen noch nicht passiert, dass er den falschen Weg erwischt hat? Dann sieht er plötzlich: Die anderen sind schon oben und haben bereits ihre Brotzeit ausgepackt – während man selbst noch an der Felswand hängt.

Wir sehen das ja oft, wenn Menschen spazieren gehen und der Weg schlammig wird. Da steht ein Ehepaar plötzlich im Dreck: „Siehst du, bei dem Weg, den ich nehmen wollte, wäre das nicht passiert. Wenn wir so gegangen wären, wie ich es vorgeschlagen habe, wären wir schon längst am Ziel."

Statt zu sehen: Jetzt bin ich auf diesem Weg. Wenn ich den Weg weitergehe, gibt es auch viel Schönes zu entdecken. Die schwierige Route kann sich womöglich sogar als die interessantere erweisen. Aber das kann man nur erkennen, wenn man bereit ist, das Unvorhergesehene anzunehmen. Auch in solchen alltäglichen Situationen kann man lernen, Ja zu sagen. Das ist eben jetzt mein Platz. Und das sind jetzt meine Möglichkeiten.

„An welchen **Ort** du auch hinkommst, vergleiche **dich nicht** mit anderen **und du wirst** finden." **Ruhe**

Abbas Paphnutios,
ägyptischer Wüstenvater

WOHNE IN DIR

Bei sich wohnen heißt, es mit sich selbst aushalten und
Ruhe in sich finden.

Richte dein Haus ein nach deinen Möglichkeiten, deinen
Bedürfnissen und deinem inneren Auftrag.

Weine nicht verpassten Möglichkeiten nach.
Und verliere dich nicht in der Vorstellung der
Möglichkeiten von anderen.

Mach dir jeden Tag bewusst, dass du freie Luft einatmen kannst.

VON DEN EINFACHEN KLEINEN DINGEN

Es gibt das ja auch immer wieder in unserem täglichen Leben, dass wir durch unvorhergesehene Umstände plötzlich eingeschränkt werden – und darunter leiden.

Dabei können gerade solche Situationen eine Chance sein – wie etwa eine Krankheit. Das ist zunächst sehr widerlich, ich habe alles Mögliche geplant, der Terminkalender ist voll und nun hält mich die Grippe im Bett fest. Ich darf nichts tun und bin nicht mal fähig, etwas zu lesen. Aber vielleicht merke ich, dass die Krankheit am Ende mir auch gut tut. Ich erkenne dann plötzlich, dass ich womöglich zu schnell gelebt oder dass ich auf die falschen Dinge Wert gelegt habe. Und dass eigentlich so eine Zeit, selbst im Krankenhaus, eine sehr wesentliche Zeit war. Es ist dann ein glücklicher Moment, wenn ich aus dem Krankenhaus wieder rauskomme und die einfachen kleinen Dinge wieder wahrnehme und schätze. Ich atme die Luft und ich kann wieder frei gehen.

Es ist das bloße In-der-Welt-sein, das plötzlich einen ganz eigenen Glanz gewinnt. Dann kann die Beschränkung ein Wegweiser zu einem wertvollen Schatz sein.

ES GIBT EINE ALTE LEGENDE ...

Zu einem alten Einsiedler kommt ein junger Mensch, um sich einen Rat für sein Leben zu holen.
Der weise Mann sagt:

„Trachte nach dem Erreichbaren."

Der junge Mensch bedankt sich, geht fort und kommt nach einiger Zeit wieder. Er möchte noch einen zweiten Rat. Die Antwort des Einsiedlers lautet:

„Trachte nach dem Unerreichbaren."

TRAUM UND WIRKLICHKEIT

Eine Münze hat immer zwei Seiten,
die untrennbar miteinander verbunden sind.

Man kann nicht eine Seite alleine ausgeben.

Wahre Lebenskunst besteht darin,
mit seinem Traum vor Augen
das jeweils Mögliche zu tun.

Träume

II.

Ich habe einen Traum.

DER MENSCH BRAUCHT EIN GROSSES ZIEL.

Und das große Ziel ist immer nur in einem Bild für uns zu fassen. Das Bild gibt uns eine Perspektive, eine Vision vor, der wir uns immer nur annähern können. Denn sonst wären wir ja schon am Ziel, wenn wir genau wüssten, was es ist. Darum nennt man das auch einen Traum, so wie das der große schwarze Prediger Martin Luther King von einem gerechteren und besseren Amerika gesagt hat:

Ich habe einen Traum.

„Stehen wir also endlich auf!
Die Schrift rüttelt uns wach und ruft:
Die Stunde ist da, vom Schlaf aufzustehen."

Benediktusregel,
Prolog

Wie könnte mein Leben sein?

Wie könnte die Welt sein?

TRÄUME FALLEN NICHT VOM HIMMEL.

So können wir uns auch den Sinn unseres Lebens nicht
einfach erdenken oder zusammenbasteln. Wir können ihn
nur Schritt für Schritt durch das, was wir tun und was uns
begegnet, finden und als Geschenk erfahren.

Die Bibel stellt uns zwei große Bilder vor.

Das eine ist der Anfang, das Paradies, mit dem
Lebensbaum und den Strömen, die alles befruchten.
Der Garten Eden.

Das andere Bild ist die Stadt.
Jerusalem,
die Stadt, die vom Himmel herabkommt.

Beides klingt ja zusammen.
Der Garten und die Stadt.
Was uns an Natur vorgegeben ist.
Die Schöpfung,
die uns anvertraut und von uns mitgestaltet wird.
Und das, was wir Menschen errichten oder erbauen.

Träume kann man teilen.

WENN VIELE EINEN TRAUM HABEN, DANN WIRD ER WIRKLICHKEIT.

Einmal schickte Benedikt Mönche in die Nähe der Stadt Terracina, um dort ein Kloster zu errichten. Er verspricht, er würde später kommen und den Bauplan des Klosters mitbringen. Der Obere und sein Stellvertreter, die dort sind, haben vor dem Tag, an dem sie Benedikt erwarten, einen Traum, in dem sie den Plan des Klosters sehen. Am nächsten Morgen erzählen sie sich diesen Traum und stellen fest, sie haben den gleichen Traum gehabt. Das ist das Faszinierende, dass wir Träume auch mit anderen gemeinsam haben können. Und: Einer hat einen Traum und viele können ihn weiterträumen. Dann kann er auch Wirklichkeit werden.

Die beiden Mönche warten an diesem Tag vergeblich auf Benedikt. Enttäuscht und traurig kehren sie zu Benedikt zurück und fragen ihn: „Wir haben erwartet, du würdest kommen, wie du versprochen hattest, um uns zu zeigen, wo wir die Gebäude errichten sollten." Da sagt Benedikt: „Bin ich euch beiden nicht im Traum erschienen? Und habt ihr denn nicht den Plan im Traum gesehen?"

Träume stiften
Einheit
und Sinn
im Leben von Menschen.

Sie geben den vielfältigen Tätigkeiten
im Leben
eines Menschen
einen Rahmen.

Träume schaffen Zukunft.

Durch einen
Traum
bekommt
das Leben
von
Menschen
einen roten
Faden.

Was ist ein Kloster?

DAS KLOSTER IST DER VERSUCH,

einen Teil der Welt ideal zu gestalten. Das wird schon in den mittelalterlichen Klosterplänen deutlich: In der Mitte ist die Kirche, es gibt einen Raum zum Essen und zum Schlafen, Werkstätten und einen Platz für die Gäste. Alles soll in der rechten Ordnung stehen.

Noch wichtiger ist der innere Aufbau der Gemeinschaft. Da ist der Traum von der Urgemeinde, wie sie in der Apostelgeschichte geschildert wird: „Sie waren ein Herz und eine Seele, niemand nannte etwas sein Eigen, sie hatten alles gemeinsam. Sie hielten an der Lehre der Apostel fest und an der Gemeinschaft, am Brechen des Brotes und an den Gebeten."

Was ist ein Mönch?

DER ALLTAGSMENSCH

hat Beruf, Familie und viele Verpflichtungen.

DER MÖNCH

dagegen lebt ein einfaches Leben. Er versucht, sein ganzes Leben auf Gott hin zu ordnen, und kennt nur dies eine Ziel. Darum hat er vieles andere hinter sich gelassen, wie die vielfältigen Strebungen und Wünsche des Menschen. Was von einer Einheit des Lebens wegführt, ist ausgeblendet. Die Klostermauern sind ein Sinnbild für die Konzentration auf eine Sache.

Für viele Menschen ist es ein Urbedürfnis, ein Haus zu bauen. Manche planen ein Leben lang an diesem Haus. Einige sind enttäuscht, wenn es dann fertig ist. Weil sie merken, dass sie doch manches falsch gemacht haben.

WIR ALLE HABEN DAS BEDÜRFNIS,

unserem Leben eine Einheit zu geben.

Zu spüren, dass alles einen Zusammenhang hat:
dass ich das bin,
der das tut,
dass das sinnvoll ist,
was ich tue –

auch für andere.

Die Mönche leben etwas,

worin wir eine Sehnsucht erkennen, die wir alle spüren.

Worin unterscheidet sich ein Mensch mit einem Traum

von einem Menschen ohne Traum?

Das rechte Maß

III.

„Zwar lesen wir, Wein passe überhaupt nicht für Mönche, weil aber die Mönche heutzutage sich davon nicht überzeugen lassen, sollten wir uns wenigstens darauf einigen, nicht bis zum Übermaß zu trinken, sondern weniger."

Benediktusregel,
Kapitel 40:
Das Maß des Getränkes

DER MENSCH IST DAS MASS.

Das Kapitel über das Maß des Getränkes ist eines der schönsten und aufschlussreichsten. Mit einem Augenzwinkern führt uns Benedikt auf ganz einfache Weise in das Herzstück der Regel ein. Er beginnt mit einem Zitat aus dem 1. Korintherbrief: „Jeder hat seine Gabe von Gott, der eine so, der andere so." Benedikt wendet das – nicht ohne Humor – auf das Trinken an. Weil jeder seine Eigenart hat, kann man nur mit einigen Skrupeln und mit einiger Ängstlichkeit das gemeinsame Maß für alle festsetzen. Die alten Mönche hätten gar keinen Alkohol getrunken. Aber den Mönchen zu Benedikts Zeiten könne man das nicht mehr so recht beibringen. Darum soll eine Hemina, etwa ein drittel Liter Wein, genügen. Aber sogleich fügt er die Bemerkung hinzu: Wenn es irgendwo keinen oder weniger Wein gibt, dann sollen die Mönche nicht traurig, sondern mit dem zufrieden sein, was sie bekommen. Wo es überhaupt keinen Wein gibt, sollen die Mönche nicht murren, sondern Gott danken, weil sie weniger brauchen – und so wohlgefälliger leben. Anderseits sagt Benedikt: Wenn große Hitze herrscht oder die Erntearbeit schwer ist, kann der Abt auch mehr Wein geben.

BENEDIKT

hat eine Regel geschrieben,

die offen ist für die wirklichen Umstände des Lebens

und die Besonderheiten der einzelnen Menschen.

In der Anwendung der Regel

muss die Wirklichkeit immer wieder neu geprüft

und das rechte Maß immer neu

gesucht werden.

NIMM DIR NICHT ZU VIEL VOR.

Grundsätze und Ziele müssen dem Leben standhalten können. Man darf zu sich selbst nicht zu milde sein, aber auch nicht zu streng. Der Abt und jeder andere Mensch soll kein Nimius sein, einer, der von sich und anderen zu viel verlangt. Es macht keinen Sinn, etwas hochgemut und heroisch anzufangen, nur um ein paar Tage später kläglich zu scheitern. Wenn du etwas durchhalten willst oder etwas lange halten soll, musst du deine Kräfte einteilen und einen gangbaren Weg suchen.

„Er denke an die maßvolle Unterscheidung des heiligen Jakob, der sprach: Wenn ich meine Herden unterwegs überanstrenge, werden alle an einem Tag zugrunde gehen."

Benediktusregel,
Kapitel 64:
Einsetzung und Dienst
des Abtes

„Der Abt muss wissen, welch
schwierige und mühevolle Aufgabe
er auf sich nimmt: Menschen zu
führen und der Eigenart vieler zu
dienen. Muss er doch dem einen
mit gewinnenden, dem anderen
mit tadelnden, dem dritten mit
überzeugenden Worten begegnen.
Nach der Eigenart und
Fassungskraft jedes Einzelnen soll
er sich auf alle einstellen und auf
sie eingehen."

Benediktusregel,
Kapitel 2:
Der Abt

DER EIGENART VIELER DIENEN

Die Menschen sind sehr verschieden, sagt Benedikt,
obwohl sie vor Gott alle gleich sind. Es gibt Starke und
Schwache, Gebildete und Einfältige – und es hat jeder
seine Eigenart. Alle haben verschiedene Gaben, Talente
und Bedürfnisse.
Die Individualität des Einzelnen macht Benedikt zum
Ausgangspunkt seiner Überlegungen über das
Zusammenleben einer Gemeinschaft. Das macht die vor
1500 Jahren verfasste „Regula Benedicti" so einzigartig.

Der Abt, der der Klostergemeinschaft vorsteht, ist keine
autoritäre Instanz, die alle Mitglieder über einen Kamm
schert. Sondern im Gegenteil einer, der der Gemeinschaft
dient, indem er auf die Verschiedenheit der Menschen
eingeht und deren Eigenart einfügt in das Ganze.

Benedikt zeigt hier in einem sehr modernen Sinn, worin
Führungsqualität besteht. Kein blinder Gebrauch von
Macht, sondern Führung durch Überzeugungsarbeit und
Motivation des Einzelnen.

Wie aber ist eine Gemeinschaft möglich, wenn die Menschen verschieden sind?

Was Benedikt über das Zusammenleben im Kloster sagt, gilt auch für andere Formen von Gemeinschaften – für Europa, für Unternehmen oder für Familien. Auch gleichberechtigte Ehegatten sollten sich verschiedene Regeln geben, um aufeinander, auf ihre Eigenart Rücksicht zu nehmen und doch das Gemeinsame zu suchen. Benedikt denkt in Beziehungen.

Eine Ordnung, die versucht, die Eigenart der Einzelnen einzupassen in ein Ganzes, kann nur funktionieren, wenn die einzelnen Teile genug Spielraum haben.

Es kommt nicht darauf an, alles gleich zu machen, sondern ganz im Gegenteil, die Balance zwischen den Teilen und dem Ganzen zu finden.

Für Benedikt ist die Discretio – die weise Unterscheidung und Maßhaltung – die Mutter aller Tugenden.

„Diese und andere Zeugnisse maßvoller Unterscheidung, der Mutter aller Tugenden, beherzige er. So halte er in allem Maß, damit die Starken finden, wonach sie verlangen, und die Schwachen nicht davonlaufen."

Benediktusregel,
Kapitel 64:
Einsetzung und Dienst des Abtes

SOLLEN ALLE DAS GLEICHE ERHALTEN?

Da sagt Benedikt Nein und bezieht sich auf die
Apostelgeschichte, in der es heißt:

„Jedem wurde so viel zugeteilt, wie er nötig hatte."

Starke und Schwache haben verschiedene Bedürfnisse
und Möglichkeiten.

So gab es in der Klosterapotheke der Benediktinerabtei
Tegernsee im 18. Jahrhundert einen schönen Brauch.
Medikamente und Behandlungen hatten verschiedene
Preise.

Die Reichen bezahlten mehr,
die Armen nichts
und viele weniger.

WAS FERNE SEI

Benedikt gebraucht an verschiedenen Stellen in der Regel die Wendung „quod absit" – was ferne sei, was Gott verhüten möge. So auch im Kapitel, in dem er über das Frühgebet schreibt. Da sagt er: wenn es passiert, dass man zu spät aufgestanden ist – er fügt hier aber schnell hinzu, was ferne sei, denn es gehört ja zum Mönch, dass er früh aufsteht. Es kann aber vorkommen, dass alle verschlafen, weil einer nicht geläutet hat – dann müssen in diesem unwahrscheinlichen Fall gewisse Notverordnungen getroffen werden. Zum Beispiel die Lesungen kürzen, damit man das, was man sich vorgenommen hat, schafft.

Benedikt weiß, es gibt Dinge, die eigentlich nicht vorkommen dürfen, aber er weiß auch, sie kommen doch vor. Man muss mit allen Möglichkeiten rechnen.

Darin liegt die eigentliche Lebenskunst, die in der Weisheit der Regel verborgen ist.

Wir brauchen einerseits Ideale, Träume und Ziele, ein Wissen, wie der Mensch und die Welt sein soll. Wir dürfen aber nicht um des Ideals willen die Wirklichkeit verdrängen. Wenn wir uns mit allem abfinden, wie es ist, ist das reiner Pragmatismus. Es wäre aber genauso falsch, wenn man nur stur seinem Traum nachhinge und die Realität nicht mehr sähe, wie das bei vielen fanatischen Ideologien der Fall ist.

Die Wirklichkeit muss in der Suche nach dem rechten Maß immer wieder neu angesehen werden.

Die Wendung „quod absit" – was ferne sei – zeigt Benedikts Wirklichkeitssinn.

„Nehmt euch in Acht, dass nicht Unmäßigkeit euer Herz belaste.“

Benediktusregel,
Prolog

DIE UNVERSEHRTE ÖLFLASCHE

Während einer Hungersnot wurden alle Vorräte des Klosters an die Armen verteilt. In der Vorratskammer blieb nur eine Flasche mit ein wenig Öl übrig. Benedikt befahl auch diesen letzten Rest des Öls einem Bittsteller zu geben. Der Mönch, der für die Vorratskammer zuständig war, führte den Auftrag nicht aus. „Wenn ich das gäbe, bliebe für unsere Brüder überhaupt nichts mehr übrig." Daraufhin geriet Benedikt in Zorn und befahl, die Flasche mit dem letzten Öl zum Fenster hinauszuwerfen. Die Flasche fiel auf einen Felsen, zerbrach aber nicht und blieb unversehrt. Das beeindruckte Benedikt. Er war sehr ergriffen und merkte, dass er mit seiner Autorität selbst über das Ziel, über das rechte Maß hinausgeschossen war. Wenn die Flasche zerbrochen wäre, hätten weder die Armen noch die Mönche im Kloster etwas davon gehabt. Ein Alles-oder-nichts-Standpunkt nutzt niemandem. Diese Legende aus dem Leben Benedikts wendet sich am Ende zum Guten. Benedikt ruft die Mönche zusammen. Auf das gemeinsame Gebet hin quillt auf wundersame Weise ein leeres Ölfass über und jeder bekommt so viel, wie er benötigt.

„Der Abt hasse die Fehler und er liebe die Brüder.

Muss er aber zurechtweisen, handle er klug und gehe nicht zu weit; sonst könnte das Gefäß zerbrechen, wenn er den Rost allzu heftig auskratzen will.

Damit wollen wir nicht sagen, er dürfe Fehler wuchern lassen, vielmehr schneide er sie klug und liebevoll weg, wie es seiner Absicht nach jedem weiterhilft.

Er suche, mehr geliebt als gefürchtet zu werden."

Benediktusregel,
Kapitel 64:
Einsetzung und Dienst des Abtes

STRENGE UND MILDE

In einem Kloster gibt es den Abt und seinen Stellvertreter,
den Prior. Beide können auf ihre Art milde und streng
sein – und sich so ergänzen. Der eine legt vielleicht mehr
Wert auf die Einhaltung bestimmer Regeln, der andere
lässt mehr Raum für die Eigenart der Einzelnen.
Es gibt aus unserem Kloster St. Bonifaz eine schöne
Geschichte von unserem Abt Benedikt Zenetti, dem
Urgroßonkel der beiden Politiker Hans-Joachim und
Bernhard Vogel. Der war sehr milde, hoch musikalisch und
hat allen viel Freiraum gelassen. Er ist sehr alt geworden.
Auf die Frage:
„Wie geht's in St. Bonifaz?",
hat mein Namensvorgänger Odilo Rottmanner einmal
gesagt:
„Ja, wir sind ein sehr musikalisches Haus."
„Das ist ja schön, und wieso?"
Antwort:
„Ja, der Abt spielt Piano, der Prior erste Geige und das
Haus geht flöten ..."

Demut

IV.

„Wir wollen also eine Schule für den Dienst des Herrn einrichten. Bei dieser Gründung hoffen wir, nichts Hartes und nichts Schweres festzulegen.

Sollte es doch aus wohl überlegtem Grund etwas strenger zugehen, um Fehler zu bessern und die Liebe zu bewahren, dann lass dich nicht sofort von Angst verwirren und fliehe nicht vom Weg des Heils; er kann am Anfang nicht anders sein als eng.

Wer aber im klösterlichen Leben fortschreitet, dem wird das Herz weit und er läuft in unsagbarem Glück der Liebe den Weg der Gebote Gottes."

Benediktusregel,
Prolog

VERLASS NICHT GLEICH DEN WEG,

der am Anfang eng sein muss.

Dann weitet sich dein Herz!

Was können wir tun, damit unser Leben gelingt?

Was Benedikt über den Weg des Mönchs sagt, ist ein weiser Rat für alle Menschen, auch für die, die ihr Leben außerhalb der Klostermauern meistern wollen:
Von Anfangsschwierigkeiten soll man sich nicht von seinem Weg abbringen lassen.

Lauf nicht gleich weg!
Es lohnt sich, bei einer Sache zu bleiben und mit Beständigkeit sein Ziel zu verfolgen.

Das ist so bei der Gründung einer Familie wie bei der Suche nach Gott.

Es gibt diese Situationen, in denen ein Mensch stolz ist auf seine Leistungen, hochmütig wird und sich wertvoller fühlt als andere. Im Klosterleben hält Benedikt für solche Fälle eine Übung in Demut bereit.

Die Leistung, die ein Mensch erbringt, soll durchaus anerkannt werden, aber sie darf nicht allein die Grundlage für die Beurteilung und Wertschätzung von Menschen sein. Ein Mönch, der dem Kloster zu großen Einnahmen verhilft, soll sich nicht über andere stellen, deren Beitrag geringer ist. Sonst wird Leistung zu einem Götzen. Jeder trägt zur Verwirklichung des gemeinsamen Ziels auf seine Weise bei. Die antiken Philosophen haben dafür das Bild vom Leib und seinen Gliedern gebraucht – und Paulus greift es auf. Jedes Glied ist gleich wichtig: Die Hand allein ist nichts, ein Fuß allein ist nichts, ein Auge allein ist nichts.

Benedikts Übung in Demut ist in der Praxis natürlich nicht so leicht zu verwirklichen. Der talentierte Organist, der berühmte Konzerte gibt, ist stolz auf seine Erfolge. Wenn man den jetzt in den Garten schickt, dann wird das dem Garten nicht gut bekommen. Andererseits kann man dem Gärtner, der sich so viel einbildet auf seine schönen Rosen, auch nicht sagen: Du gehst jetzt zur Besserung an die Orgel. Obwohl das dem Übermut der beiden eher gut tun würde.

„Sind Handwerker im Kloster, können sie in aller Demut ihre Tätigkeit ausüben, wenn der Abt es erlaubt.
Wird aber einer von ihnen überheblich, weil er sich auf sein berufliches Leben etwas einbildet und meint, er bringe dem Kloster etwas ein, werde ihm seine Arbeit genommen. Er darf sie erst wieder aufnehmen, wenn er Demut zeigt und der Abt es ihm von neuem erlaubt."

Benediktusregel,
Kapitel 57:
Mönche als Handwerker

DIE FRIEDENSORDNUNG DES KLOSTERS

„Zur bestimmten Stunde werde gegeben, was zu geben ist, und erbeten, was zu erbitten ist, denn niemand soll verwirrt und traurig werden im Hause Gottes."

„Vor allem habe er Demut. Kann er einem Bruder nichts geben, dann schenke er ihm wenigstens ein gutes Wort. Es steht ja geschrieben: ‚Ein gutes Wort geht über die beste Gabe.'"

Benediktusregel,
Kapitel 31:
Der Cellerar des Klosters

„Wer weniger braucht, danke Gott und sei nicht traurig. Wer mehr braucht, werde demütig wegen seiner Schwäche und nicht überheblich wegen der ihm erwiesenen Barmherzigkeit. So werden alle Glieder der Gemeinschaft in Frieden sein."

Benediktusregel
Kapitel 34:
Die Zuteilung des Notwendigen

Keiner soll traurig sein.

„Falls ein Bruder unvernünftig etwas fordert, kränke er ihn nicht durch Verachtung, sondern schlage ihm die unangemessene Bitte vernünftig und mit Demut ab."

Benediktusregel,
Kapitel 31:
Der Cellerar des Klosters

DAS SCHWIERIGE IST JA IMMER,

dass die Bedürfnisse größer sein können als die Mittel, die zur Verfügung stehen.

Wie geht man nun aber mit jemandem um, der etwas Unmögliches will?

Natürlich muss man so eine Forderung ablehnen. Aber der Verwalter des Klosters, der Cellerar, soll sich nicht groß machen und den Bittsteller geringschätzig behandeln. Ihm die Forderung mit Demut abschlagen heißt, ihn ernst nehmen, an seine Vernunft appellieren − und ihn im Dialog überzeugen.

„Die Werkstatt aber, in der wir das alles sorgfältig verwirklichen sollen, ist der Bereich des Klosters und die Beständigkeit in der Gemeinschaft."

Benediktusregel,
Kapitel 4:
Die Werkzeuge der geistlichen Kunst

„Brüder, wenn wir also den höchsten Gipfel der Demut erreichen und rasch zu jener Erhöhung im Himmel gelangen wollen, zu der wir durch die Demut in diesem Leben aufsteigen, dann ist durch die Taten, die uns nach oben führen, jene Leiter zu errichten, die Jakob im Traum erschienen ist. Auf ihr sah er Engel herab- und hinaufsteigen.

Ganz sicher haben wir dieses Herab- und Hinaufsteigen so zu verstehen: Durch Selbsterhöhung steigen wir hinab und durch Demut hinauf.

Die so errichtete Leiter ist unser irdisches Leben. Der Herr richtet sie zum Himmel auf, wenn unser Herz demütig geworden ist.“

Benediktusregel,
Kapitel 7:
Die Demut

DIE JAKOBSLEITER

Das wirkliche Geheimnis des Lebens ist nicht einfach der
Aufstieg,
sondern dieses Wechselspiel
zwischen Aufstieg und Abstieg.

In notvoller Situation hat einst der biblische Jakob im
Traumgesicht erfahren: Er ist nicht allein. Der Himmel ist
mit ihm. Gott neigt sich herab. Dieses Herunterkommen
Gottes vollendet sich, da er in Jesus Mensch wird.
Darum geht es nicht um den immer höheren Aufstieg des
Menschen, sondern darum, dass Gott sich herabgelassen
hat und zu uns niedergestiegen ist.

Das ist auch im menschlichen Leben so, dass ich klein
werden muss, um groß zu sein.

Demut heißt:

Klein werden vor dem Großen.

Hören & Schweigen

V.

„Höre, mein Sohn, auf die Weisung des Meisters, neige das Ohr deines Herzens ..."

Benediktusregel,
Prolog

WAS BEDEUTET ES,
MIT DEM HERZEN ZU HÖREN?

Das ist der erste Satz in Benedikts Regel:

eine Anweisung zum Hören mit dem Herzen.

Ein Sinn,
der bei vielen Menschen verschlossen ist.

Wenn wir mit dem Herzen hören,
nehmen wir den anderen in uns wirklich wahr.
Es findet eine Begegnung statt.

Benedikt will eine Schule des Hörens errichten.

Höre
und sei ganz und gar ein Hörender.

Das Schweigen
dient dem Hören.

Das Schweigen
schafft den Raum,
um Worte aufzunehmen.
Es gibt uns die Zeit,

in der sich der Sinn entfalten kann.

Wer hören will,

muss schweigen können.

Was ist eigentlich die Frage?

Du kannst den anderen nur hören, wenn du schweigst.

Es gehört zu einer Gesprächskultur, still zu sein und zu hören, was nun eigentlich die Frage ist. Damit wir das Anliegen eines anderen Menschen auch wirklich wahrnehmen können. Ein wirkliches Gespräch ist keine Talkshow, bei der häufig Antworten gegeben werden, die gar nicht gefragt sind.

DIE DREIFACHE PROBE

„Ich muss dir unbedingt etwas erzählen, von dem und von dem",

beginnt ein Mönch ganz aufgeregt eine Geschichte zu erzählen.

Da sagt der andere:

„Bist du denn sicher, dass es wahr ist?"

„Nein", erwidert er,

„ich habe es nicht mit eigenen Augen gesehen, nur gehört."

„Ist es denn notwendig, dass ich das erfahre?",

fährt der andere fort.

„Ja, unbedingt notwendig ist es nicht",

antwortet der Mönch.

„Ist es etwas Gutes, was du erzählst?",

fragt der andere weiter.

„Na ja, wenn ich ehrlich bin – eigentlich ist es etwas Schlechtes."

Das ist die alte Mönchstradition der dreifachen Probe.

In der mittelalterlichen Philosophie gehörte es zu einer guten Diskussion, zunächst einmal die These des Gesprächspartners zu wiederholen.

Das ist für mich auch heute noch eine gute Regel für jedes Gespräch. Zunächst einmal das, was der andere sagt, wiederzugeben – und damit zu zeigen: Man versteht es wirklich. Oder ahnt, worum es dem anderen geht.

Macht Schweigen Angst?

Im Leben hören wir viele Stimmen. Der Lärm des Alltags umgibt uns und wir nehmen Zerstreuung und Ablenkung nur zu gerne an. Deshalb ist das Schweigen notwendig, um die wirklich wichtigen Worte zu hören und um die Erlebnisse des Tages zu verarbeiten.
Keinem Menschen tut es gut, mit dem Radio aufzuwachen und mit dem Fernseher einzuschlafen.

Wir sehnen uns nach Pausen – und doch haben viele Menschen Angst davor.
„Jetzt könnte ich doch noch den oder den anrufen",
sagen wir uns – und weichen damit ganz bequem vor uns selbst aus.
Wir brauchen deshalb das Schweigen: Momente, in denen wir zu uns selbst finden.

Warum
entsteht
so
großer
Rededruck,
wenn
Menschen
zusammenkommen?

Warum
können
Menschen,
die
sich
lieben
und
respektieren,
zusammen
schweigen?

Wir führen die meisten Gespräche
mit uns selbst.
Und tun nur so,
als ob der andere da wäre.

Warum sprechen wir den anderen nicht direkt an?

GOTT HÖRT DIR ZU.

In den Geschichten um Don Camillo und Pepone steht der Pfarrer Don Camillo oft in der Kirche vor dem Kruzifix und schimpft sich über den kommunistischen Bürgermeister Pepone aus. Und dann plötzlich hört er Gott wirklich sprechen:

„Aber ist denn das wahr, was du da sagst, mein Sohn?"

„Ja, ein bisschen anders war es schon",
muss Don Camillo dann zugeben.

Indem er Gott seinen Ärger erzählt, wird manches relativiert und Don Camillo sieht schließlich ein, dass er selbst kein Unschuldsengel ist. Er weiß, Gott hat alles gesehen.

Und das wäre auch eine gute Übung, meine Probleme, Sorgen und Ängste mit Gott zu besprechen. So kann mir, wenn ich mich über jemanden geärgert habe, ein Gespräch mit Gott helfen. Wenn ich wirklich darauf vertraue, dass er es ist, der mich und auch den anderen kennt, dann wird mir mein Ärger von selbst fragwürdig.

„Du sahst im Auge deines Bruders den Splitter, in deinem hast du den Balken nicht bemerkt."

Benediktusregel,
Kapitel 2:
Der Abt,
nach Matthäus 7, 3

GOTT SPRICHT DURCH DAS UNERWARTETE.

Auch der Abt, schreibt Benedikt, muss den Rat der Brüder einholen, jeden fragen und jeden anhören, der sich zu Wort meldet – auch den jüngsten. Denn Gott kann eben auch durch einen, von dem man es nicht erwartet, sprechen. So hat Benedikt in dem Kapitel über „Die Aufnahme fremder Mönche" den schönen Satz geschrieben:

„Sollte der Fremde in Demut und Liebe eine begründete Kritik äußern oder auf etwas aufmerksam machen, so erwäge der Abt klug, ob ihn der Herr nicht gerade deshalb geschickt hat."

Wir sehen uns gerne so, wie wir sein möchten. Keiner von uns hört Kritik im ersten Moment gerne. Wir verschließen unsere Ohren. Natürlich ist nicht jede Kritik berechtigt und nicht alles, was einer sagt, muss gleich eine Offenbarung sein. Aber man sollte sie sich anhören und sich fragen: Ist das etwas Wichtiges für mich? Oder sogar: Will Gott mir dadurch etwas sagen?

Stille

VI

Werde

still.

JEDER TAG IST VOLLER EREIGNISSE.

Und voller gegensätzlicher Eindrücke und Regungen.
Stille kann mir helfen, das viele, das in meinem Leben
passiert, in einen Zusammenhang zu bringen. Das ist die
Viertelstunde Gebet oder Meditation, in der ich still werde,
loslasse – und einfach das Ganze meines Tages anschaue.

Ich kann so mit Gott den Tag besprechen, die Dinge, die
mir gelungen sind, oder den Ärger, den ich gehabt habe.
Durch diese Rückschau kann der Tag einen Sinn erhalten.
Und vielleicht entdecke ich dabei so etwas wie einen
roten Faden durch mein Leben.

Der junge Benedikt wählte die Lebensform des Mönchs, die darauf zielt, alles auf Gott hin auszurichten.

Auch für den Alltagsmenschen ist dieser Weg – zumindest im Kleinen – möglich, wenn wir bereit sind, „den Mönch in uns zu entdecken": uns für eine Weile in die Stille zurückziehen und der Sehnsucht nach der Einheit des Lebens Raum geben.

Der Religionswissenschaftler Raimon Pannikar spricht in seinem Buch „Den Mönch in sich entdecken" vom universalen Archetyp Mönch. In jedem Menschen gibt es die Sehnsucht nach der Erfahrung von Einheit, die die verwirrende Vielheit und Widersprüchlichkeit der Welt überwindet.

Haben
wir

Angst

vor der Stille?

IN DER STILLE IST GOTT HÖRBAR

So wie einst die Wüstenväter aus den Städten der Spät-
antike in die Wüste zogen, um in der Einsamkeit Gott zu
finden, ist im 6. Jahrhundert Benedikt aus Rom geflüchtet.
In einer Felsenhöhle bei Subiaco führte er drei Jahre lang
das Leben eines Einsiedlers.

Für Benedikt war das Stillwerden in der Abgeschiedenheit
der Anfang von allem. Aus dem Eremit wurde der große
abendländische Klostergründer.

DIE WÜSTE IN UNS ENTDECKEN

Die Wüste oder die Höhle: Das sind Orte, an denen radikal alles ausgeblendet ist. Alles, was einen Menschen von sich selbst ablenken kann, fällt weg.

Die Wüste können wir auch in unserem alltäglichen Leben entstehen lassen, wenn wir für eine bestimmte Zeit still werden. Das tut uns allen gut.

SCHAFFE DIR DEINEN EIGENEN ORT, AN DEM DU STILL WERDEN KANNST.

Bauen Sie Zeiten in Ihr Leben ein, an denen Sie bewusst still werden.
Eine Viertel- oder halbe Stunde täglich genügt.
Wichtig dabei ist auch, sich dafür einen eigenen Ort zu schaffen. Wenn ich an meinem übervollen Schreibtisch sitze und sage:
„Jetzt bin ich still",
kann ich natürlich still sein.
Aber ich sehe dann doch noch das oder jenes dort liegen und lasse mich ablenken.
Wenn ich nur in eine andere Ecke meines Zimmers gehe und eine Kerze dort aufstelle, dann habe ich mich schon aufgemacht zu einem Ort, der mich einlädt, still zu sein.

VON DER STILLE LERNEN

Manchmal habe ich mich furchtbar geärgert, wenn mir eine S-Bahn gerade davonfuhr und ich nun 20 Minuten warten musste.

Ich sann darüber nach, was ich nun versäume, vor allem auch, wer oder was daran schuld war, dass ich zu spät kam.

Allmählich habe ich gelernt, diese Wartezeit anzunehmen.

Ich entdeckte: Das ist jetzt eine Zeit, die ganz mir gehört, in der ich einmal nichts tun muss.

In der ich einfach da bin, über mich nachdenke, vielleicht zu beten beginne.

Es ist ein Stück
Lebenskunst,
die Geschenke
der Stille
anzunehmen.

Das Gute & Das Böse

VII.

„Wer ist der Mensch, der das Leben liebt und gute Tage zu sehen wünscht?
Wenn du hörst und antwortest: ‚Ich‘, dann sagt Gott zu dir: Willst du ein wahres und unvergängliches Leben, bewahre deine Zunge vor Bösem und deine Lippen vor falscher Rede! Meide das Böse und tue das Gute! Suche Frieden und jage ihm nach!"

Benediktusregel,
Prolog

Wie so oft gibt Benedikt eine ganz einfache und konkrete Handlungsanweisung:

Fange bei dir selbst an. Halte deine Gedanken und Worte in Zaum.

Wir modernen Menschen unterschätzen allgemein den Einfluss von Gedanken und Worten auf die Atmosphäre der Welt.

Vergangene Jahrhunderte waren wohl mehr von der Kraft des Wortes überzeugt, etwa wenn sie sich vor Fluchworten ängstigten und nach Segensworten verlangten.

Auch in der Flut der schlechten Gespräche, inmitten der als schlecht empfundenen Wirklichkeit dürfen wir an die Kraft des guten Wortes glauben.

WARUM TUN MENSCHEN BÖSES?

Das ist die den Menschen am meisten bedrängende Frage:

Warum gibt es so viel Böses und so viel Gewalt in unserer Welt?

Warum bringen Menschen andere Menschen um?

Ich glaube, wenn wir darüber nachdenken, finden wir eine erste Antwort in uns selbst, indem wir an unsere eigene Erfahrung anknüpfen. Wir alle spüren immer mal wieder das Zerstörerische in uns, Ärger und Wut, die Versuchung, etwas kaputt zu machen. Wenn wir etwa unsere eigenen Interessen auf Teufel komm raus durchsetzen wollen. Wir müssen aber diesen Antrieben, die es in uns gibt, nicht gehorchen, weil wir auch die Kraft zum Guten in uns haben.

Kein Mensch ist dazu verurteilt, sich der Versuchung zum Bösen zu überlassen.

„Vor seinen verkehrten Gedanken auf der Hut, spreche der Bruder, der etwas taugt, ständig in seinem Herzen: ‚dann bin ich makellos vor ihm, wenn ich mich vor meiner Bosheit in Acht nehme.‘"

Benediktusregel,
Kapitel 7:
Die Demut

Ist das denn
richtig und gut,
was andere
mir sagen
oder wozu
mich andere
auffordern?

Gott will uns helfen, bösen Einflüssen zu widerstehen. Zunächst einmal geht das, indem wir in uns selbst hineinhorchen.

Das Gewissen ist die tiefe innere Erkenntnis, dass es etwas Gutes gibt und dass es richtig ist, dem, was ich als gut erkenne, zu folgen.

Aber es gibt auch Personen und Situationen, die mich in Versuchung bringen, von dem Weg abzuweichen, den ich als gut und richtig erkannt habe.

Der Mensch hat die Freiheit, Ja und Nein zu sagen.

Es gibt
Anstifter
zum Bösen
mit einer großen Verführungskraft.

Dann
kann sich das Unheil
sogar zu einem Flächenbrand ausbreiten,

wenn es nicht genügend Menschen gibt,
die die Kraft haben,

Nein

zu sagen.

DAS VERGIFTETE BROT

„Die Schlechten aber beneiden immer die anderen um die Frucht der Tugend, um die sie sich selbst nicht mühen. So verhielt es sich auch mit Florentius, dem Priester einer benachbarten Kirche. Von der Bosheit angestachelt, war er eifersüchtig auf das Wirken des heiligen Benedikt. Er fing an, dessen Mönchsleben zu verleumden, und, wenn er eben konnte, jeden von einem Besuch abzuhalten. Florentius musste schließlich einsehen, dass er dem Ansehen Benedikts nicht entgegenwirken konnte. Der gute Ruf von dessen Mönchsleben verbreitete sich immer mehr, und unablässig fühlten sich viele durch die Kunde über ihn zu einer besseren Lebensgestaltung berufen. Florentius aber verzehrte sich in der Flamme des Neides und wurde immer boshafter; denn das Lob für die Lebensweise Benedikts hätte er gern selbst eingeheimst, aber ein lobenswertes Leben führen wollte er nicht.
Blind vor finsterem Neid ging er so weit, dem Diener des allmächtigen Gottes vergiftetes Brot zu senden, als wäre es gesegnetes Brot. Mit einem Dankgebet nahm es der Mann Gottes an, doch blieb ihm nicht verborgen, welches Unheil sich darin verbarg.

Zur Stunde der Mahlzeit flog immer ein Rabe aus dem nahen Wald herbei und erhielt Brot aus der Hand Benedikts. Der Rabe kam nun wie üblich; der Mann Gottes warf ihm das Brot vor, das ihm der Priester geschickt hatte, und trug ihm auf: ‚Im Namen unseres Herren Jesus Christus, nimm dieses Brot und wirf es an einer Stelle weg, wo es kein Mensch findet!‘ Da sperrte der Rabe seinen Schnabel auf, spreizte seine Flügel und hüpfte krächzend um das Brot herum, als müsste er deutlich machen, dass er zwar gehorchen wolle, den Befehl aber nicht ausführen könne. Wieder und wieder befahl ihm der Mann Gottes: ‚Hebe es ruhig auf und wirf es dort weg, wo niemand es finden kann!‘ Nach langem Zögern fasste es der Rabe mit dem Schnabel und flog davon.
Drei Stunden später kam er ohne das Brot zurück und erhielt nun wie gewohnt aus der Hand des Mannes Gottes sein Futter.“

Gregor der Große,
Leben und Wunder des hl. Benedikt

Wir brauchen die Kraft, das Gift des Bösen zu erkennen und es dorthin zu bringen, wo es nicht schaden kann.

DIE VERSUCHUNG

„Da Florentius den heiligen Benedikt nicht töten konnte, setzte er alles daran, die Seelen seiner Mönche zu verderben. So schickte er in den Garten des Klosters sieben nackte Mädchen. Sie sollten sich an den Händen halten und längere Zeit vor den Augen der Brüder tanzen, um deren Herzen zur Wollust zu entfachen. Das sah der heilige Mann von seiner Zelle aus und er fürchtete sehr, die noch ungefestigten Jünger könnten zu Fall kommen. Er erkannte, dass der Priester nur ihm nachstellte. Da überließ er dem Neid das Feld. Er ordnete alles in den Klöstern, die er gegründet hatte, setzte Obere ein und wies ihnen Brüder zu. Nur wenige Mönche nahm er mit und zog an einen anderen Ort."

Gregor der Große,
Leben und Wunder des hl. Benedikt

In den Legenden vom vergifteten Brot und der Versuchung, die Gregor der Große uns aus dem Leben des heiligen Benedikt überliefert hat, geht es darum, wie eine Gemeinschaft mit den Anfeindungen des Bösen umgehen kann.

Den Kampf gegen das Böse kann man manchmal nur gewinnen, indem man es nicht direkt angeht, sondern indem man sich davon abwendet.

Eine scheinbare Niederlage kann auch zu Neuem führen: Benedikt wandert von den kleinen Felsenklöstern der Gegend um Subiaco weiter nach Montecassino und gründet dort das große, weithin sichtbare Kloster.

Gott ist die Erinnerung daran, dass das Gute existiert und mächtig ist.

DIE BRENNENDE KÜCHE

„Als sie tiefer gruben, fanden sie dort ein bronzenes Götterbild. Sie brachten es zunächst einmal in die Küche. Da schien plötzlich Feuer auszubrechen und in den Augen aller Mönche sah es so aus, als ob das ganze Küchengebäude in Flammen aufginge.

Sie schütteten Wasser hin und machten dabei großen Lärm, weil sie meinten, ein Feuer löschen zu müssen. Von dem Tumult beunruhigt, kam der Mann Gottes herbei. Er erkannte, dass es das Feuer nur in den Augen der Brüder gab; denn er selbst sah es nicht.

Da neigte er sofort sein Haupt zum Gebet und rief die Brüder, die er von einem vorgegaukelten Feuer betrogen fand, zu dem zurück, was wirklich zu sehen war. Sie erkannten, dass das Küchengebäude unbeschädigt dastand, und sahen die Flammen nicht mehr, die der alte Dämon nur vorgetäuscht hatte."

Gregor der Große,
Leben und Wunder des hl. Benedikt

Gregor der Große überliefert hier eine Begebenheit, die sich beim Bau des Klosters Montecassino abspielte. Die Angst vor dem Dämonischen hatte die Mönche verblendet und ihnen etwas vorgegaukelt. Benedikt schaffte es, durch Vernunft die Mönche in die Wirklichkeit zurückzuholen.

Weil es das Böse tatsächlich gibt, sagt uns Benedikt, müssen wir es ernst nehmen. Aber auf keinen Fall dürfen wir das Böse aufblähen und es für stärker halten als Gott und das Gute. Denn sonst wird es eine Macht, die uns in Schrecken versetzt und lähmt. Die Einbildungskraft stellt uns Dinge vor Augen, die es in der Wirklichkeit gar nicht gibt. Die Angst lässt uns oft Gespenster und Dämonen am Werk sehen. Wenn wir auf Gott schauen, entschwindet ihre Wirkung auf uns.

BENEDIKT UND DER GRAUSAME KÖNIG

„Zur Zeit der Goten hörte ihr König Totila, der heilige Benedikt habe die Gabe der Prophetie. Weil Totila aber misstrauisch war, wollte er herausfinden, ob der Mann Gottes wirklich prophetischen Geist besitze. Er gab deshalb einem seiner Schwertträger seine Schuhe, ließ ihn die königlichen Gewänder anziehen und befahl ihm, sich dem Mann Gottes als König Totila vorzustellen. Benedikt sah den Mann und rief ihm zu: ‚Leg ab, mein Sohn! Leg ab, was du anhast! Es gehört nicht dir!‘

Der Schwertträger war zu Tode erschrocken, kehrte zu seinem König zurück und berichtete ihm, wie Benedikt ihn durchschaut hatte. Daraufhin begab sich Totila selbst zu Benedikt und warf sich ihm zu Boden. Benedikt hob Totila eigenhändig auf und redete ihm ins Gewissen.

‚Viel Böses tust du und viel Böses hast du getan. Lass endlich davon ab! Ja, du wirst Rom erobern und auch das Meer überqueren. Neun Jahre wirst du regieren, doch im zehnten wirst du sterben.‘ Der König erschrak sehr, als er das hörte. Er bat ihn um sein Gebet und zog wieder ab. Von da an war er weniger grausam.“

Es gibt das Böse in der Welt. Davon geht Benedikt aus.

Dieser realistischen Sicht auf die Welt entspricht Benedikts praktischer Umgang mit Situationen, in denen er dem Bösen begegnet. Totila war für seine unmenschliche Grausamkeit gefürchtet. Er folterte, tötete und plünderte.

Solange es Menschen gibt, sagt uns Benedikt mit dieser Geschichte, müssen wir mit dem Bösen rechnen, mit Konflikten, Kriegen und Katastrophen.

Dass die Welt so ist, ist betrüblich. Aber es gibt die Möglichkeit, falsche Ansprüche zu durchschauen und abzuwehren. Grausamkeit und Unrecht zu mindern, die Welt ein wenig besser zu machen.

„Der den arglistigen Teufel, der ihm etwas einflüstert, samt seiner Einflüsterung vom Auge seines Herzens wegstößt, ihn zunichte macht, seine Gedankenbrut packt und sie an Christus zerschmettert."

Benediktusregel,
Prolog

Benedikt nimmt hier ein altes Bild der Bibel (Ps. 137) auf und mahnt in seiner Regel, die schlechte Gedankenbrut an einem Felsen zu zerschmettern. Dieser Felsen ist Christus.

Denn wenn wir die bösen Gedanken wachsen lassen, die immer wieder in uns entstehen, dann werden sie stärker und verdunkeln bald wie ein Gespinst die Seele.

Sprich das
Böse aus

und
es wird dir
besser gehen.

Wie schlechte Gedanken in uns entstehen und mächtig werden können, kennen wir alle aus unserem Alltag.

Jemand hat zu mir etwas gesagt. Im Nachhinein scheint mir sein Wort beleidigend. Je länger ich darüber nachdenke, desto mehr wächst die Unverschämtheit des anderen ins Unermessliche. So kann sich das weiterspinnen und immer stärker werden und allmählich die Gedanken vergiften. Obwohl das alles nur vielleicht in unserer Fantasie vor sich geht, hat es doch einen großen Einfluss auf uns, weil wir solche Gedanken einfach weiterwuchern lassen.

Dabei weiß ich doch, sobald ich den anderen fragen würde, wie das gemeint war, wäre vielleicht alles geklärt, was ich sonst wie eine schwere Last mit mir trage.

Solches Aussprechen vor Gott heißt, das Böse an Christus zerschmettern. Das geschieht auch dann, wenn ich das, was mich im Inneren erregt, einem anderen sage, einem Freund oder einem erfahrenen und weisen Menschen. Sobald ich also Dinge ausspreche, verlieren sie oft schon ihre Dämonie. Und man merkt: So schlimm war das eigentlich auch nicht.

Vollendung

VIII.

WEITE DEIN HERZ

Gegen Ende seines Lebens hatte Benedikt ein Turm-erlebnis. Er blickte hinaus in die Nacht und sah ein helles Licht aufstrahlen.

„Die ganze Welt wurde ihm vor Augen geführt, wie in einem einzigen Sonnenstrahl gesammelt."

Gregor der Große erzählt diese Geschichte in den Dialogen über das Leben des hl. Benedikt. Sein Zuhörer fragt:
„Wie könnte denn jemals ein Mensch die Welt als Ganzes schauen?"

Die Antwort Gregors lautet: Da „wurden nicht Himmel und Erde eng, sondern die Seele des Schauenden weit."

„Hat die Seele auch nur ein wenig vom Licht des Schöpfers erblickt, wird ihr alles Geschaffene verschwindend klein. Im Licht innerer Schau öffnet sich der Grund des Herzens, weitet sich in Gott und wird so über das Weltall erhoben."

Wir leiden immer wieder unter der Enge unseres Herzens, unter der Begrenztheit unserer Erkenntnis.

Wir leiden unter der Vielfalt und den Gegensätzen der Welt, die für uns immer größer und unbegreifbarer wird.

Unser Fortschrittsdenken:
„Immer mehr, immer reicher, immer schneller" stößt an die Grenzen unserer Kräfte. Und alles droht umzuschlagen in einen Fortschritt zum Nichts.

Wie können wir wieder zu einem qualitativen Wachstum zurückfinden?

Indem wir freier werden in der Bindung an Gott und immer weiter werden in seiner Fülle.

Das ist das Ziel, auf das Benedikts Leben und Lehre weisen:

Immer mehr
alles in einem
        zu sehen.
Immer schneller
zu werden
        in der Liebe.

Nachwort

DER SCHATZ DES HEILIGEN BENEDIKT

Auf der Suche nach Antworten tun Menschen oft merk-
würdige Dinge. Buddha, ein vornehmer Fürstensohn, lebte
jahrelang als Hund- und Kuhasket und kroch bellend und
muhend auf allen vieren. Benedikt, der Beamter im römi-
schen Staatsdienst werden sollte, schloss sich zunächst
einer Asketengruppe in Affile an. Dann zog er sich als
Eremit für drei Jahre in eine einsame Höhle im Anio-Tal
nahe Subiaco zurück.

Während Buddha danach suchte, wie man glücklich werden kann, stellte sich Benedikt die radikale Frage: Wie
gelingt mein Leben? Er fand darauf ein paar erstaunliche
Antworten. Vielleicht ist das Geheimnis der Lebensregel
des hl. Benedikt ihre Einfachheit. Benedikt zeigt, wie man
einen Anfang machen kann. Lehrt uns die Kunst, das
rechte Maß zu finden, das Zuhören und wie wir in uns
wohnen können. Benedikts im Original lateinisch
geschriebene „Regula" ist eine – auf den ersten Blick –
strenge Mönchsregel. Sie war zunächst nur für den „Haus-
gebrauch" bestimmt und entstand aus den Weisungen, die
Benedikt den kleinen Klöstern in Subiaco gab und dann
für das große, über der Stadt Cassino gegründete Kloster –

Montecassino – zusammenstellte. Dass später die Benediktusregel zur einflussreichsten Regel des Abendlandes wurde und zeitweise neben der Bibel das zweite Handbuch gläubiger Menschen war, hätte sich Benedikt nie träumen lassen.

Als wir auf der Suche nach Antworten Abt Odilo kennen lernten, lud er uns ins Kloster St. Bonifaz ein. Aus einem Besuch wurden mehrere und immer mehr wurden wir gefangen genommen vom klösterlichen Leben, der strengen Aufteilung des Tages in Beten und Arbeiten – das alte „ora et labora" – vom gemeinsamen Gebet im Oratorium zur Mittagszeit und besonders davon, dass während des Essens die Regel immer noch Zeile für Zeile vorgelesen wird, so wie es der heilige Benedikt vor mehr als 1500 Jahren im Kapitel „Der wöchentliche Dienst des Tischlesers" vorgeschrieben hat. Die Regel lebt.

Sie kann eine Hilfe für denjenigen sein, sagt Benedikt, „der das Leben liebt und gute Tage zu sehen wünscht".

Michael Cornelius und
Jürgen Schlagenhof

Literaturhinweis

„Die Regel des heiligen Benedikt",
Beuroner Kunstverlag

„Der heilige Benedikt"
von Gregor der Große
EOS Verlag, St. Ottilien

Die Bilder entstanden im Kloster Andechs, St. Bonifaz und Umgebung.